S. A. R. M.gr LE DUC DE MONTPENSIER

DANS LE DÉPARTEMENT

DES BASSES-PYRÉNÉES.

————◆————

EAUX-BONNES.

————

On nous écrit le 24 août 1843 :

L'arrivée aux Eaux-Bonnes de S. A. R. le Duc de Montpensier avait été annoncée pour hier, 23, à 7 heures du
soir. Fidèle à cette maxime, qui est devenue habitude dans
sa famille, que l'exactitude est la politesse des Princes, il
avait devancé l'heure indiquée. M. le Préfet, le Sous-préfet
de l'arrondissement, le maire, l'adjoint, le Conseil municipal,
la garde nationale d'Aas, étaient allés au devant de S. A.
jusqu'au Col de Torte, limite du département. A ce cortège
officiel s'était réunie spontanément une foule de baigneurs,
jaloux de joindre leur hommage à ceux de la population entière de la montagne et de la vallée d'Ossau. Au milieu de
cette nombreuse et brillante cavalcade, on remarquait le lieutenant-général baron Janin, le nouvel élu d'Oloron, M. Henri
La Caze, glorieusement nommé la veille député, à l'unani-
mité des suffrages, M. Loyson, conseiller de préfecture, etc.

A 4 heures, au moment où le cortège venu de Bonnes ar-
rivait au Col, les cris joyeux des montagnards, les vivats
de la garde nationale, les acclamations de la foule saluaient
l'approche de S. A., que l'on apercevait à cheval gravir l'autre

versant de la montagne. Le Prince avait voulu éviter à la
population et aux autorités d'Argelès, la fatigue de l'accompagner, et il s'avançait à la tête de sa suite peu nombreuse.
Aussitôt que le duc de Montpensier fut parvenu sur le pla-
teau, d'où la vue embrasse la chaîne des Hautes et des Basses-
Pyrénées, il mit pied à terre, salua gracieusement tous ceux
qui venaient le recevoir et l'accompagner aux Eaux-Bonnes. Il
n'y eût pas alors de ces discours officiels qui souvent ne disent
rien au cœur ; à l'offre d'un bouquet que lui présentaient les
montagnards, le Prince répondit avec une affectueuse cordia-
lité : sans exagération, tout simplement il témoigna son
admiration pour le coup-d'œil imposant que présentait cette
réunion de jeunes et vigoureux montagnards aux formes athlé-
tiques, et si beaux avec leur costume national, la veste rouge,
le gilet et les bas blancs, la culotte brune. C'était pour le
Prince un spectacle tout nouveau, et que n'offrent pas les
départemens qu'il vient de parcourir. — Après s'être arrêté un
instant sous un abri de verdure préparé au sommet du Col,
et y avoir écouté un de ces vieux airs du pays, admirablement, majestueusement chanté par plus de cent voix, S. A.
remonta à cheval, et descendit vers Bonnes, s'entretenant fa-
miliérement avec chacun, ayant pour tous une parole aimable et affectueuse. Souvent il appelait Gaston Sacaze,
notre célèbre pasteur-botaniste, et lui demandait les noms
des montagnes, des pics, des plantes, des fleurs qui le frap-
paient. La route fut donc une conversation presqu'intime, sans
cérémonie, pleine d'abandon de la part du Prince, et de
charmes pour ses interlocuteurs, et personne, je vous l'assure,
ne trouva le chemin long. De temps à autre, le Prince apercevant au-dessous de lui serpenter, se dérouler ce cortége
aux couleurs si brillantes, et tranchant fortement sur la verdure,
ne pouvait se défendre de témoigner le plaisir que lui cau-
sait ce spectacle; aussi, à tout instant, l'entendions-nous nous
dire : « Voyez donc, Messieurs, que c'est beau, que c'est admirable ! » Et S. A. avait bien raison, car je ne sache pas une
réception dont la pompe puisse être plus éclatante et plus vraie.

En passant près de la Cascade du Gros-Hêtre, le Prince à qui on en avait parlé pendant le trajet, désira se détourner un instant de son chemin, pour aller la visiter, et il revint enchanté de cette cascade d'une nature toute exceptionnelle et qui, comme vous savez, tombe perpendiculairement de près de 100 pieds de haut.

A son arrivée à Bonnes, toute la population fashionable et montagnarde l'attendait pressée sur la place de l'Etablissement, et dans la longue rue qu'il avait à traverser pour se rendre au logement qui était préparé pour lui à l'Hôtel du Gouvernement. Les acclamations empressées de la foule durent convaincre S. A. de la sympathie qu'elle inspire dans le pays, et du bonheur qu'on avait à la voir, à la fêter.

Après le diner auquel le Prince avait invité les autorités, Gaston-Sacaze et quelques-uns des baigneurs de Bonnes, S. A. voulut bien accepter l'offre qui lui fut faite par les commissaires du Chemin Horizontal de visiter cette promenade. Précédé de 50 montagnards portant des torches de résine, le Prince traversa le village, le Jardin Anglais, brillamment illuminés, et pendant près d'une heure put admirer les importans travaux de ce chemin taillé en partie dans le rocher, et éclairé dans les endroits les plus pittoresques par des flammes de Bengale. S. A. daigna exprimer à plusieurs reprises toute sa satisfaction aux commissaires, et leur témoigner son désir de revoir, au jour, avant de quitter Bonnes, cette promenade éminemment utile et salutaire pour les malades, et qui sera d'une si haute importance, lorsqu'elle aura été terminée jusqu'aux Eaux-Chaudes. — On prépare à Pau pour la réception du Duc de Montpensier de si belles fêtes, des soirées si brillantes, qu'il eut été imprudent d'offrir ici un bal à S. A.; nous aurions eu trop à souffrir de la comparaison. Nous avons préféré lui donner un spectacle local, tout exceptionnel; et nous avons réussi, car le Prince est rentré à son hôtel paraissant enchanté de la promenade aux flambeaux qu'il venait de faire. Il a du être content, ravi, de l'accueil cordial et sincère qu'on lui a fait ici. Il ne pouvait s'empêcher de sourire de temps à autre en entendant tout le tapage que faisaient autour de lui les cris joyeux et perçants des montagnards, les acclamations de la foule empressée, les chants des jeunes paysannes. Tous ces bruits discordants devaient être bien doux au cœur du Prince, puisque plus de vingt fois pendant son trajet dans le village, il se prenait à témoigner avec effusion tout le bonheur qu'il en ressentait.

S. A. employa le reste de sa soirée à recevoir, des militaires, des magistrats, des députés, et beaucoup d'autres baigneurs de Bonnes qui lui étaient présentés par le Préfet.

Ce matin avant 5 heures, le Prince est parti escorté des guides de Bonnes, pour aller faire l'ascension du Pic du Midi d'Ossau.

———

Le temps et l'espace nous manquent pour publier tous les détails de la seconde journée que S. A. R. a passée dans la vallée d'Ossau. Nous apprenons que le Prince s'est rendu aux Eaux-Chaudes et au Pic du Midi et que S. A. R. a été accueillie chaleureusement par les nombreuses populations accourues sur son passage. — Voici le discours adressé au Prince, à son passage à Louvie, par M. le baron d'Espalungue, syndic de la vallée d'Ossau :

« Monseigneur ,

» Visiter des populations, inspirer et agréer les démonstrations d'hommages empressés, n'est point assez pour un jeune Prince qui, élevé près du trône, s'est honoré en débutant dans la carrière militaire comme *Rosé* et *Fabert* commencèrent la leur ; il lui faut des narrés historiques concernant les localités qu'il parcourt.

» Hier, Votre Altesse Royale a gravi, sous nos yeux, notre Pic du Midi, dont l'ascension complète est demeurée long-temps réputée fabuleuse. De ce sommet granitique et d'une hauteur de plus de trois mille mètres, elle a vu de sombres forêts encore debout, dont la sauvagerie justifie de l'étimologie du nom de la vallée d'Ossau. (*Ursi saltus*, Bois de l'Ours.)

» Ici, Monseigneur, nous vous montrerons, comme une fabrique pittoresque, ouvrage des siècles destructeurs, les ruines encore suspendues, du château qu'habitaient nos premiers souverains, les vicomtes d'Ossau.

» Là, nos antiques Archives, dont le dépôt conservé sous trois clés distinctes, témoigne en même temps, de l'amour de nos pères pour la liberté, et d'un noble et fier dévoûment à leurs souverains.

» Avant, Monseigneur, que votre Altesse Royale, procède à la nouvelle et solennelle inauguration du monument *Béarnais*, si splendidement restauré par une pieuse, éclairée et toute royale munificence, nous lui dirons, non sans opportunité, que les Ossalois donnèrent à Raymond de Moncade, leur premier vicomte Béarnais, non-seulement le sol sur lequel pose le château de Pau, mais qu'encore et plus tard, ils contribuèrent, par le don d'une forte somme, à sa construction, et le dotèrent d'une vaste étendue de terrain, dépendant du *Pont-Long*, propriété de la vallée. Aussi les Ossalois avaient-ils l'honneur d'occuper le *Haut de la grande Salle*, lorsque le souverain y tenait sa cour. Il y a plus, Monseigneur : nos pères acquirent par leur valeureuse fidélité, la distinction exclusive de former la garde du Prince.

» A ces souvenirs s'en rattache un moins ancien, mais tout de tendre et traditionnel sentiment pour les Ossalois, celui de la naissance, dans ce château, *de nouste amistous Henric*, ainsi que le nommaient nos pères, souvent visités par le bon et grand Roi.

» C'est avec bonheur, Monseigneur, que, dans ce trop fugitif instant, les montagnards d'Ossau et leur syndicat se pressent auprès d'un de ses descendans.

» Que votre Altesse Royale daigne agréer nos hommages et nos vœux? Nous ne savons mieux les exprimer qu'en les résumant par le cri expansif et Ossalois, de : vivent les fils de Henri, *Vive le Roi !* »

ASCENSION AU PIC DU MIDI D'OSSAU,

PAR S. A. R. LE DUC DE **MONTPENSIER**.

On nous écrit des Eaux-Bonnes :

L'ascension au Pic du Midi de Pau, est-elle presqu'impraticable, est-elle hérissée de tels dangers, de difficultés si terribles, qu'il soit imprudent de l'entreprendre; ou bien, comme l'ont prétendu quelques Touristes fanfarons, de vrais Tranche-Montagnes, n'est-elle qu'une course longue et pénible, qui n'offre pas de périls. D'aujourd'hui cette question est résolue pour moi : il ne me reste plus d'incertitude sur ce sujet. Je l'ai faite et ne la recommencerai plus ; je vais plus loin, si je n'avais eu, pour m'encourager, l'exemple d'un des Fils du Roi, qu'un bon Français n'abandonne jamais, j'aurais à moitié chemin quitté la partie. Oui, je l'avoue, sans cette fausse honte, chez tous mobile puissant, sans ce sentiment qui me poussait à suivre mon intrépide compagnon, qui gaîment me montrait, me frayait la route, je serais revenu sur mes pas. Que mes lecteurs me croient donc, et qu'ils se persuadent bien que cette ascension n'est pas un jeu d'enfant, mais un exercice de géants; en fait d'excursion, c'est un vrai Morceau de Roi. — Maintenant que vous et moi savons à quoi nous en tenir, laissez-moi vous donner quelques détails sur l'ascension au Pic, que nous avons hier exécutée heureusement, sous la conduite et en compagnie de M.gr le Duc de Montpensier.

Le 24, à cinq heures du matin, nous quittions Bonnes à cheval ; devant nous, marchaient en éclaireurs cinq guides : trois du pays, *Maucor*, *Péré*, *Esterl*, deux venus des Hautes-Pyrénées avec le Prince. Au bas de la côte du Hourat, Bertrand, Medevielle, Sanchette, Berger et Fourrier de Laruns demandèrent à S. A. la permission de l'accompagner, et ils se réunirent à leurs confrères de Bonnes.

Entre l'avant-garde et le corps d'armée, s'avançait superbe

dans sa beauté sauvage, *Gaston Sacaze*, qui monté sur son cheval noir à tous crins, sans étriers, avec un simple filet, ressemblait à un cavalier Numide.

A côté du Duc de Montpensier se tenaient le Préfet, le général Janin, M. Henri Lacaze et M. Loyson ; puis ensuite nous venions, nous autres baigneurs et touristes, au nombre de douze.

S. A. R. voulant faire la tournée complète, avait refusé d'aller à Gabas en voiture, et partis au petit galop de chasse, nous y arrivions en deux heures sans nous être arrêtés et marchant toujours du même train.

Là, vous le savez, nous quittons la grande route, et commençons à nous engager dans la montagne. Il fallut bien alors ralentir l'allure de nos chevaux, et au bout de 3 heures, nous arrivions au pied du Pic, après être passés par Bious-Artigue. Lorsque nous eûmes tous mis pied à terre, le Prince nous engagea avec la plus cordiale amabilité, à partager avec lui un morceau sur le pouce. L'air du matin, 5 heures déjà passées à cheval, sans un instant de repos, nous avaient disposés à faire honneur à une cantine bien fournie, que deux mulets avaient apportée à l'avance : toutefois Gaston, et les guides nous donnèrent le sage conseil de ne faire que nous lester légère-ment, car pour gravir, comme nous allions le faire, il était nécessaire de conserver à nos poumons toute leur liberté, tout leur jeu, et en pareil cas, rien n'est plus préjudiciable que la plénitude de l'estomac. Mais le rhum ne charge pas, et donne des forces : aussi en acceptâmes nous tous un verre, offert par le Prince, qui prenant l'initiative d'un toast que nous voulions porter, but au succès de notre voyage. Après cette courte halte, nous faisions nos adieux à 5 ou 6 Sages qui se défiant de leurs forces voulurent en rester là. — C'était avec regrets qu'ils nous voyaient partir, et ils ne manquèrent pas de nous recommander, à plusieurs reprises, de veiller sur l'auguste et intrépide compagnon qu'ils nous confiaient Belle et utile recommandation, en vérité, puisque déjà le jeune Prince précédé d'un guide, ayant près de lui Gaston et M. Loyson, gravissait la montagne, et nous laissait en riant assez loin derrière lui. Le début n'était ni facile ni commode, et donnait une assez triste idée du chemin que nous avions à parcourir; aussi Son Altesse s'arrêta telle bientôt pour nous prier de ne point nous fatiguer à l'accompagner et usa-t-elle de son autorité persuasive, pour empêcher le jeune fils du colonel Thierry de pousser plus loin; elle ordonna à un des guides de le ramener au pied du Pic. Malgré ses instances, le prince n'eut pas le même succès auprès du général Janin, qui dans son ardent dévoûment, et persuadé qu'il pouvait y avoir danger pour S. A., voulut absolument le partager. Au bout d'une heure d'ascension, il faut bien l'avouer, assez occupés de nous tirer nous mêmes d'affaire, nous ne pensions plus au Prince confié à nos sollicitudes, et qui était toujours en avant de nous, que pour tâcher de faire comme lui, et de passer par où il passait. Vous dire ce que pendant 2 longues heures 1/2 employées à gravir du pied du Pic, et sous un soleil brûlant, nous avons souffert; ce que nous avons eu de vertiges, de faiblesses; combien de fois nous avons été obligés de nous aider de nos pieds, de nos mains; c'est impossible. Si quelque chose devait nous soutenir, nous encourager, c'était la force morale et physique du duc de Montpensier, qui riait de nos hésitations, de nos craintes, nous animait de la voix, et nous entraînait à l'assaut du Pic. Ce qui devait nous faire rougir de notre faiblesse, c'était la vigueur du brave général Janin, qui oubliant ses nombreuses blessures, ses longues fatigues de la guerre, semblait plus jeune, plus fort, que nous autres conscrits; c'était l'énergie, le zèle de M. Loyson qui ne songeant qu'au Prince, et qui, comme lié à lui, posait le pied où il venait de le poser, et dans le cas d'une chûte possible, était tout prêt à le retenir sur l'abîme.

Je vous fais grâce de mille détails, qui dans une relation plus étendue, plus technique, mériteraient de trouver place (votre dernier n.º en contient une, modèle en ce genre); je vous mène de suite au sommet du Pic, que le Prince a escaladé le premier, et auquel nous finissons par arriver successivement, haletants, rendus de fatigue, les mains, les genoux meurtris, et saluant notre intrépide chef de file du cri de *vive le Roi*.

Qu'une plume plus exercée que la mienne vous retrace ce tableau délicieux digne du pinceau d'un grand artiste. « La scène se passe sur un rocher élevé de 2,900 mètres ; tout autour l'espace et l'abime. Le Prince est assis sur un tertre construit à l'extrémité du Pic, pour les observations trigonométriques. Nous tous Baigneurs, Touristes, Guides, sommes groupés à ses pieds, regardant avec admiration planer à peu de distance au-dessus de nos têtes un énorme Gypaète, un aigle monstrueux qui a laissé sur le roc une de ses plumes que le prince attacha à son chapeau montagnard. Nos regards embrassent l'Espagne, dominent cent montagnes, sept ou huit lacs d'azur, qui semblent dormir à nos pieds, distinguent Pau, devinent Auch et son imposante cathédrale. Pendant que tout entiers aux sentimens que nous inspire ce spectacle grandiose, recueillis en nous-même, nous faisons silence ; de sa voix grave et sonore, Gaston, barde d'Ossau, nous chante une de ses pastorales, aux paroles, au rhythme si naïfs, si énergiques ; et nos guides entonnent à leur tour, *Là Haüt sus las Mountagnes* et *Qu'in-ten ba Laülhade*, les amours du Prince.

Pendant près d'une demi heure, jouissant d'un calme ineffable, nous reposant avec délices, après tant de fatigue, nous oublions nos compagnons, qui, restés au pied du pic, inquiets sur une santé si chère à tous, nous attendent et nous appellent. Pardonnez, chers amis, ce retard égoïste, mais nous sommes si heureux, nous nous sentons vivre si doucement, que vous ne sauriez nous en vouloir de prolonger ces doux instants. Pendant cette station, M. Loyson a trouvé et offert au Prince une longue vue cachée, depuis bien des années sans doute, perdue par un Voyageur ; à demi détruite par le temps, par les injures de l'air, les verres seuls restent encore liés par un carton qui, brûlé, calciné, tombe en poussière sous la pression du doigt.

Il est temps de descendre : le Prince en a donné le signal, mais avant de quitter ces lieux, S. A. R. permet qu'un procès-verbal improvisé de notre ascension soit dressé, afin qu'il reste au sommet du Pic d'Ossau, un souvenir du passage d'un Fils de France ; et au crayon, sur les pages d'un de nos agendas, M. Loyson écrit ces mots :

« *S. A. R. M.gr le duc de Montpensier est montée au* » *Pic-du-Midi d'Ossau, le 24 août 1843. — Dieu protège* » *S. A. R. et la Famille Royale.* — Ont accompagné le » Prince MM. Loyson, conseiller de Préfecture ; Trubest frères ; » Cazaux aîné, entrepreneur des Eaux-Bonnes ; Cazaux (Justin), » son frère ; Berand, médecin ; Lefebvre ; le lieutenant-général » baron Janin ; De La Salle ; de Misiessy, auditeur au conseil- » d'état ; de Misiessy son frère, enseigne de vaisseau ; Sacaze- » Gaston ; Loumiet. — 10 guides (dont deux amenés des » Hautes-Pyrénées par le Prince), dont les noms suivent : » Péré, Bertrand, Medevielle, Sanchette, Bergez-Fourrer, » Estert, Titon Maucor, Lacour. » — Ce procès-verbal fut signé par le duc de Montpensier et par tous les assistans.

Mais comment mettre à l'abri des injures du temps ce fragile monument ? Il reste heureusement dans le sac d'un guide une bouteille de vin de Champagne. Le Prince veut que tout le monde en boive, et chacun, à son tour, puise dans le vase de cuir de S. A. R. ce nectar dépaysé, et chacun crie comme lui : *Vive la France* ! Dans cet abri bien séché, on enferme l'inscription, qui pourra ainsi braver le temps et les orages, jusqu'à ce qu'on revienne confier au roc ce durable souvenir, qui sera alors recouvert d'une épaisse ardoise, sur laquelle seront inscrits les noms de S. A. R.

Il est temps de terminer ce récit qui prendra bien de la place dans vos colonnes déjà envahies par les relations des fêtes offertes au Prince par la ville de Pau. Je vous dirai donc en peu de mots que l'ascension, la station et le retour ont employé 5 heures 1/2. Nous voici descendus au point de départ, au pied du Pic. Débarrassés des entraves hygiéniques et gastronomiques que la prudence nous avait avait imposées avant de monter, nous prenons tous notre part, d'un excellent déjeûner, dont le Prince, nous fait les honneurs avec une amabilité sans pareille.

Bientôt nous sommes de nouveau à cheval; et en passant par la Case de Broussette, nous arrivons à Gabas. La route est belle; le Prince qu'on attend aux Eaux-Chaudes, part à fonds de train, en nous criant: « Messieurs, qui m'aime me suive!» Nos généreux coursiers, malgré une journée de fatigues atroces semblent s'animer à l'envi : pas un traînard; en moins d'une demi heure, dans un nuage de poussière soulevée par cette course rapide, nous atteignons les Eaux-Chaudes. Le Prince met pied à terre, reçoit les félicitations du corps municipal, les bouquets de jeunes et jolies montagnardes; au milieu des acclamations de la foule empressée, visite aux flambeaux les travaux du nouvel établissement, les anciennes sources, dont il goûte les eaux. Peu de temps après, nous avions franchi la distance qui sépare les Eaux-Chaudes de Bonnes, où nous rentrons éclairés par les feux d'une éclatante illumination : il était 8 heures 1/2 du soir. Jugez si depuis 5 heures du matin que S. A. R. était à cheval, la journée a été bonne ; cependant, après le dîner, auquel le Prince avait invité quelques compagnons de son ascension, et sans que rien chez lui dénotât ou trahît la fatigue, il trouvait encore la force de recevoir ceux des baigneurs, des touristes, des étrangers qui avaient désiré lui être présentés. Il faut qu'il soit taillé dans le fer et dans l'acier.

—

Le souvenir des courts instans passés par le duc de Montpensier dans la Vallée d'Ossau y vivront long-temps. Partout et pour tous, il a été d'une bonté, d'une grâce parfaites. Grand, généreux, presque prodigue, à tous ceux qui l'approchèrent il a laissé des témoignages nombreux d'une libéralité royale. A Gaston Sacaze, son fidèle mentor dans l'ascension au Pic, il offrait une belle tabatière en or; à M. Cazaux, une épingle en brillants; il s'inscrivait pour 300 fr. sur la souscription au chemin horizontal ; aux guides qui l'avaient accompagné, il fesait distribuer 400 francs ; autant aux montagnards qui étaient allés à sa rencontre ; en un mot, semant sur sa route de bonnes œuvres, il laissait des secours considérables aux établissemens publics, aux pauvres de tous les villages qu'il traversait.

Prince, vous avez noblement marqué votre passage dans la Vallée ; rejouissez-vous, car en partant vous emportez l'amour de tous, les bénédictions des malheureux, digne et juste récompense de vos bienfaits.

Chapelle du Château d'HENRI IV.

La bénédiction de la chapelle du Château Royal
a eu lieu le 24 à 9 heures du matin. Nous sommes
heureux de pouvoir reproduire le discours que M.gr
l'Evêque de Bayonne a prononcé, après avoir récité
les prières d'usage et répandu l'eau bénite sur le mur
et le pavé du nouvel oratoire.

« Messieurs,

» De tout temps, les Rois et les Princes chrétiens ont rendu
en cette haute qualité des hommages solennels à Dieu, source
essentielle et primitive de toute puissance et de toute grandeur.
Souverains à l'égard des peuples soumis à leur sceptre, ils ont
tenu à honneur d'être les serviteurs de celui qui règne dans
les Cieux et de qui relèvent tous les trônes et tous les em-
pires. C'est pourquoi, en élevant des monumens à leur gloire,
ils ont été fidèles à ériger des autels au Très-Haut, afin de
l'adorer et de le prier là où ils devaient recevoir eux-mêmes
les vœux et les hommages de leurs sujets. Ces nobles inspi-
rations de la foi et d'une haute raison, cette attention religieuse et ce tact si parfait des convenances sacrées, nous les
trouvons avec bonheur, nous les contemplons avec joie dans
celui dont la sagesse préside aux destinées de la France. En
rendant au Palais d'un Aïeul illustre son antique splendeur,
le Roi a pris soin de relever et d'embellir l'autel de la prière,
nous demandant à nous-même celui de le bénir et de le consacrer. Nous ne dirons pas les sentimens que nous a fait
éprouver à ce sujet la manifestation de la volonté royale. L'empressement avec lequel nous sommes venus l'accomplir, vous
a déjà révélé notre respect profond et notre satisfaction la plus
vive. Mais pourrions-nous passer sous silence la pieuse solli-
tude d'une Reine, qui soupirait, depuis plusieurs années, après le
moment où le culte divin serait rétabli dans cet édifice royal ?
Pourrions-nous laisser ignorer aux fidèles de notre diocèse, que

c'est Sa Majesté elle-même qui a préparé tous les objets né-
cessaires au service religieux, sans qu'aucun ait pû échapper
à sa foi si éclairée, à son angélique piété? C'est ainsi que
les Bathilde, les Radegonde et d'autres princesses illustres
avaient honoré la religion et le trône, pourvoyant par leur
munificence à la décoration du sanctuaire et consacrant leurs
royales mains au service des autels. Que le Seigneur, du haut
du Ciel, bénisse les pieux desseins de cette Reine vénérée;
qu'il daigne se souvenir de tous ses sacrifices, et répandre dans
son âme les plus douces consolations! Un Prince vient, qui
portera dans ce lieu les vœux de son auguste mère, et offrira
lui-même ceux qu'il a formés dans son cœur. Alors sera cou-
ronnée, par l'offrande du sacrifice adorable, la bénédiction que
nous venons de donner à l'oratoire royal. Pour nous, répan-
dons nos prières devant l'autel nouvellement consacré, et hâtons-
nous de lui confier nos vœux! Le premier de tous sera pour
le Chef de l'Etat; et nous servant des paroles du prophète,
nous dirons avec confiance : *Seigneur, sauvez le Roi, et
veuillez nous exaucer*, dans ce lieu que le Roi lui-même a destiné à votre culte et à votre honneur! »

Après cette allocution si noble et si touchante, qui
a produit une impression profonde sur l'auditoire d'élite
qui occupait l'enceinte de la Chapelle et la tribune,
le *Domine salvum fac* a été chanté solennellement
par trois fois, et l'oraison pour le Roi a terminé
cette religieuse cérémonie.

ARRIVÉE A PAU.

La ville de Pau présentait hier un de ces spectacles qui font époque dans les souvenirs d'une population. Après de longs jours d'attente, elle voyait enfin arriver le jeune Prince qui va livrer à son amour une image dont la vénération s'est transmise de génération en génération dans le Béarn ; elle venait assister à ces fêtes qui inaugureront si brillamment notre monument le plus populaire, le plus national.

Dès le matin, un grand nombre de maisons avaient été pavoisées des couleurs nationales ; on entendait battre le rappel : les tambours, les clairons, les musiques militaires, se répondaient d'une rue à l'autre, et à ce bruit, des masses d'habitans se portaient sur le passage du cortège.

La garde nationale et la troupe de ligne étaient échelonnées depuis la place Henri IV jusqu'au milieu du pont de Jurançon, limite de la ville. Des détachemens d'infanterie stationnaient sur différents points, et notamment sur la place Henri IV. La garde nationale à cheval, chargée d'escorter la voiture du Prince, la gendarmerie, l'escadron de chasseurs étaient allés à la rencontre de S. A. R. précédés, d'un nombreux état-major à la tête duquel se faisait remarquer notre brave et illustre compatriote, M. le lieutenant-Général Harispe, entouré de MM. les maréchaux-de-camp baron Jacobi, commandant le département des Basses-Pyrénées, Rachis, commandant le département des Landes, Simon Lorière, commandant le département des Hautes-Pyrénées, et de plusieurs autres officiers-généraux.

M. le Préfet, qui était allé, comme nous l'avons

annoncé, recevoir S. A. R. aux Eaux-Bonnes, sur les limites du département, faisait aussi partie de ce cortège.

Nous ne saurions donner trop d'éloges à la tenue parfaite et au zèle des gardes nationaux qui étaient venus répondre à l'attente de la cité.

Les gardes nationales des communes voisines étaient aussi accourues. Elles marchaient précédées de leurs autorités municipales, les maires et adjoints ceints de leurs écharpes. Chacune d'elles avait sa bannière tricolore portant le nom de la commune et ses tambours ou sa musique rustique. Ce n'était pas là le coup d'œil le moins pittoresque de la fête.

Le corps municipal de Pau et MM. les officiers en retraite s'étaient rendus à l'entrée de la ville pour attendre S. A. R.

A 11 heures et demie, des cris d'allégresse ont annoncé que le Prince traversait le village de Jurançon, et quelques instans après on a vu déboucher le cortège à la tête duquel s'avançait M.gr le duc de Montpensier, monté sur un cheval blanc et en costume de Capitaine d'artillerie. — Aussitôt, le Prince s'étant arrêté, les cris de *vive le Roi*, ont éclaté, et M. le Maire a dit :

« Monseigneur,

» *Henri de Béarn* entrait dans Nérac. Désolées par la guerre civile, les campagnes s'étaient appauvries ; de nombreux agriculteurs, chassés par la faim, racontaient leur misère aux portes de la ville. « — Suivez-moi, dit le jeune Prince. » Il s'enquiert de la somme destinée aux solennités qui l'attendent, et, compatissant, la fait verser dans la main nécessiteuse. — Plus heureuse que Nérac, sauvée, comme le Pays, d'affreuses luttes par une haute sagesse, la ville de Pau peut à la fois vous offrir un hommage et soulager l'infortune. Oui, Prince, c'est ici la fête de tous, et ce rêve de votre Aïeul, à la simple et touchante formule, *la poule au pot*, est aujourd'hui du moins, une réalité. Le pauvre le sait déjà. — Henri avait vingt ans alors, Monseigneur, c'est votre âge. Laissez-nous dire que nous aimons à pressentir une heureuse ressemblance. Oui, vous aurez son humanité, l'exemple vous en vient chaque jour de bien près. Comme en lui, l'égalité vous sera une facile règle. Votre éducation libérale, cet accueil à tous dont nos Pyrénées garderont le récent souvenir, garantissent en vous ce sentiment. Vous aurez enfin ses vertus guerrières ; votre sérieux apprentissage de l'art militaire vous y prépare ; et n'êtes-vous pas d'ailleurs de ce faisceau de jeunes et nobles Princes qui se battent en soldats et commandent en généraux ? — Entrez, Monseigneur, dans la Ville de votre Aïeul ; ses portes vous sont ouvertes ; nous vous y serrerons de près. »

Nous regrettons de n'avoir pû recueillir toutes les réponses pleines de bonheur et d'à-propos, que le Prince a faites à chacun des discours qui lui ont été adressés. Nous croyons du moins pouvoir reproduire avec fidélité le sens des paroles du Prince, en réponse à la harangue de M. le Maire :

« C'est avec le plus grand plaisir, Monsieur le Maire, que je viens au milieu de vous assister à l'inauguration du *Roi Béarnais*, que je suis fier de compter parmi mes ancêtres. Ces souvenirs si vivans parmi vous que vous venez de me retracer avec bonheur, me causent une émotion profonde. — J'espère que les habitans de ce beau pays voudront bien reporter sur les Fils une partie de l'affection qu'ils conservent toujours pour la mémoire d'Henri IV. — Je vous remercie, M. le Maire, de tous les vœux que vous venez de m'exprimer au nom du conseil municipal de la ville de Pau. »

Pendant ce temps, une salve de 21 coups de canon annonçait l'entrée du petit fils d'Henri IV dans la cité Béarnaise !

L'effet de cette marche lente et solennelle présentait

2

quelque chose d'imposant; l'émotion était grande à la vue de ce jeune rejeton du *Béarnais* s'avançant au milieu des flots pressés de la population vers l'antique demeure de son Aïeul. — Le Prince saluait de la manière la plus gracieuse, la foule avide de contempler ses traits, sa taille svelte et élégante, sa tournure aisée, son air affable comme celui d'Henri. Il paraissait éprouver une vive satisfaction de se voir l'objet d'un pareil empressement.

Certes, M.gr le duc de Montpensier ne pouvait choisir pour faire son entrée à Pau, une route qui pût mieux réveiller en lui les souvenirs du grand Roi. Bien avant la *Croix du Prince*, où il a quitté sa voiture pour monter à cheval, sa vue a dû se porter constamment sur le Manoir de Gaston-Phœbus. De là, cet édifice se présente dans toute sa majesté. Le vieux donjon s'était paré pour le recevoir des couleurs tricolores. Un immense drapeau flottait à son sommet et de larges banderoles ondulaient sur ses murs. — L'entrée de Pau, par cette route, offre un aspect très-pittoresque, et jamais assurément cet aspect n'avait été plus beau qu'hier, avec toutes les terrasses chargées de spectateurs, des milliers de dames aux croisées et le bruit retentissant et continuel des symphonies militaires.

Le Prince a traversé ainsi la partie de la ville qui s'étend sur les terrains formant autrefois les dépendances du Château, et est allé mettre pied à terre au lieu où naquit son Aïeul, il y a 290 ans.

Les autorités ont été admises quelque temps après à lui présenter leurs hommages.

Les présentations ont eu lieu dans l'ordre suivant:

Le lieutenant-général Harispe, commandant la division, avec son état-major. — La Cour Royale. — Le Préfet. — Le Conseil-général. — L'Evêque et le clergé. — L'Etat-major de la garde-nationale. — L'Etat-major

de la division et les officiers du génie. — Les Sous-
Préfets des arrondissemens et les conseillers de préfecture.
— Le tribunal de première instance. — Le tribunal de
commerce. — Le Conseil-Municipal. — Les officiers en
retraite. — L'Université et le Collège. — Les Consuls
étrangers. — MM. les ingénieurs. — Les administrations
des Forêts ; —des Finances ;—de l'Enregistrement ;—des
Postes; — Du Haras; — Des Contributions directes et
indirectes. — MM. les officiers de la garde nationale
de Lescar. — M. le secrétaire-général de la Haute-
Garonne. — M. le Sous-Préfet de S.t-Gaudens.

—

Discours de M. Amilhau, premier président de la Cour royale.

« Monseigneur,

» Après les révolutions profondes qui renouvellent la face des
nations, les peuples éprouvent le besoin de faire un retour vers
le passé et de consacrer par les Lettres et les Arts les grandes
époques de leur histoire.

» Placé entre deux mondes que séparent la Réforme et la
Renaissance, un Prince né dans ces contrées fut élevé au trône
par l'élément moderne luttant au seizième siècle. La politique habile qui lui en fraya le chemin, contribua plus que tout autre
cause à la chûte du moyen-âge. Le vainqueur de Mayenne, le
héros de la bataille d'Ivry, cette âme noble et fière sut allier au
courage les vertus les plus généreuses ; il sut vaincre et pardon-
ner, et fut de ses sujets et le Père et le Roi.

» Associé à tous les intérêts, à toutes les gloires de la France,
le Roi ne pouvait céder qu'à ses fils l'honneur d'inaugurer la
statue d'Henri le Grand ; dominant, à son exemple, les évé-
nemens par sa sagesse au milieu des troubles et des malheurs
de la Patrie, il a eu, comme lui, le bonheur de rétablir
l'ordre et d'assurer les bienfaits de la paix.

» Dans ce Palais fut le berceau de votre famille, Monseigneur;

chacun de vos pas foule une terre pleine de glorieux et brillans souvenirs. Deux Princes, vos frères, la parcoururent naguère
au milieu des plus nobles et des plus vives sympathies. Dieu
a rappelé à lui une puissante intelligence; la France s'en est
émue, l'histoire redira sa douleur et ses regrets. La haute
raison, et les qualités éminentes du Prince qui lui survit,
nous donnent une légitime confiance dans notre avenir.

» Vous êtes mêlé à toutes nos espérances, Monseigneur;
animé de l'amour de la patrie, vous portez son drapeau et
vous vous préparez à verser votre sang pour elle. Aux qualités de vos frères, vous joignez la bonté de votre aïeul ;
vous êtes tout à nous, et dans ce solennel tribut payé par
les Béarnais à la mémoire de leur Roi, vous retrouvez une fête
de famille.

» La Cour Royale vient toute entière vous offrir son res-
pectueux hommage. Dites au Roi, Monseigneur, que le plus
jeune de ses Fils n'a trouvé au sein de ces populations loyales
et fidèles que des sentimens d'admiration, d'amour et de reconnaissance. Dites-lui que la Magistrature, dont je suis
l'organe, ne forme qu'un vœu, celui de lui exprimer plus
dignement ces pensées dans le palais de son Aïeul. »

*Discours de M. le comte de S.t-Cricq, Pair de
France, président du Conseil-général.*

« Monseigneur,

« Le Conseil Général de ce département est heureux de se
trouver appelé dans ce moment à ses travaux annuels, puisqu'il
lui est ainsi donné d'apporter à V. A. R. l'hommage de son
respect et de son dévouement. Il lui est doux de saluer l'un
des premiers votre entrée dans cet antique palais de vos pères,
restauré par une munificence toute filiale, et dont vous semblez
venir reprendre aujourd'hui possession au nom de votre royale
maison.

» C'est toujours pour les Béarnais une fête de famille que
la présence de leurs Princes : la vôtre, Monseigneur, nous

devient plus chère en ce jour, par la mission que vous venez accomplir au milieu de nous.

» Le Roi, nous le savons de lui-même, aurait vivement désiré de présider en personne à la solennité qui se prépare. Retenu par les devoirs, si souvent amers, de la Couronne, il a voulu être représenté par le plus jeune de ses fils, comme pour nous dire : celui-là aussi sera digne de sa race !

» Et nous, Monseigneur, témoins heureux, avec tous les Français, des brillants services déjà rendus à la Patrie par vos nobles frères ; charmés de cette ardeur que vous faites paraître, de cette grâce chevaleresque qui déjà vous a fait aimer dans nos contrées, nous disons avec Votre Auguste Père : tous, ils sauront continuer notre Henri. »

Discours de Monseigneur l'Evêque.

« Monseigneur,

» Votre présence dans la cité d'Henri IV et dans le palais de ce bon Roi, fait tressaillir tous les cœurs Béarnais. Le Clergé s'associe avec empressement à cette manifestation de vœux et de sentimens dont vous êtes l'objet, car il sait ce que promettent à la Religion et à la Patrie les éminentes qualités de Votre Altesse. Elle a reçu du Ciel, comme le premier des bienfaits, un esprit élevé, un cœur noble et généreux ; la sagesse du Roi l'a entourée de ses conseils, et par les soins d'une Mère auguste, modèle de douceur et de piété, elle a connu de bonne heure le prix de la foi et la pratique des vertus. La voix publique n'a pas tardé à nous apprendre, parce qu'une épreuve solennelle et rigoureuse l'avait constaté, combien vos progrès dans les sciences humaines ont été brillants et rapides. Ce sont là, Prince, comme de belles fleurs au printemps de votre âge ; déjà elles portent leurs fruits, et la France les recueille avec bonheur. Honorez toujours la Religion comme elle vous honore ; aimez notre beau Pays comme vous en êtes aimé ! que l'Ange du Seigneur qui a délivré le Roi de tant de périls, veille sur vos destinées, et qu'il soit donné à Votre Altesse de voir jusqu'aux limites les plus reculées de la vie, la France toujours en paix et toujours heureuse ! »

Le Prince a remercié M.gr l'Évêque et s'est recommandé *aux bonnes prières* de sa Grandeur et de tout son Clergé. Puis, il a ajouté avec une grâce parfaite. « Le Roi m'a chargé de vous remettre ce témoi-
» gnage de son estime : Je suis heureux de m'acquitter
» de cette mission. » Et en disant ces mots, Son Altesse déposait dans les mains du Prélat la Croix de la Légion-d'Honneur.

—

Discours de M. Puyòo, commandant de la garde nationale.

« Chaque fois que nos Princes honorent la ville de Pau de leur présence, nous nous empressons de leur offrir nos hommages et l'expression de notre dévouement et de nos sympathies pour le Roi.

» C'est avec le même bonheur aujourd'hui que nous prions V. A. R. d'agréer la nouvelle et plus vive expression de ces mêmes sentimens qui animeront toujours la garde nationale de Pau.

» Je me sens heureux et fier d'être son interprète auprès de vous, Monseigneur, dans une circonstance aussi mémorable pour la cité qui a vu naître notre bon et grand Roi Béarnais. »

—

Discours de M. Lacortiade, au nom du tribunal de première instance.

« Monseigneur,

» Le tribunal de première instance de Pau vient s'associer avec empressement au sentiment général d'allégresse et de sympathie qu'inspire la présence de votre Altesse Royale dans nos contrées.

» Nous sommes heureux et fiers de présenter nos hommages, auprès du Berceau du Grand Henri, à un descendant de ce bon Roi, dont le nom, cher à tous les cœurs Français, réveille dans cette enceinte de si doux souvenirs, à un de ces jeunes Princes qui sont l'orgueil de la Patrie, la joie, la consolation de leur auguste Père, et se montrent dignes, chaque jour, de marcher à la tête d'une grande nation.

» La solennité que vous venez célébrer en l'honneur de la plus grande gloire du Béarn, a remué ici trop profondément tous les cœurs, pour ne pas y laisser des traces ineffaçables.

» Chacun de nous se rappellera avec bonheur le Prince qui en aura été le plus bel ornement, et ne cessera de l'accompagner, de ses vœux et de son amour, dans la brillante carrière qu'il est destiné à parcourir.

» Nous n'oublierons pas, Monseigneur, que votre présence au milieu de nous, pendant ces jours de fête, est une insigne faveur, qui met le comble à toutes celles que la bienveillance Royale se plaît à répandre sur cette Cité.

» Daignez, Monseigneur, mettre aux pieds du trône, la respectueuse expression de notre reconnaissance, ainsi que les protestations bien sincères de notre fidélité et de notre dévouement. »

Discours de M. Bégué, président du tribunal de commerce.

Monseigneur,

« Le Béarn a vu enfin ériger la Statue du plus grand de ses Rois.

» Puissant homme de guerre, négociateur heureux et habile, plus grand administrateur, Henri IV, né Roi d'un pays libre, se montra digne de gouverner une grande nation ; il comprit que le bonheur des peuples ne se consolide que par la paix, la concorde et la tolérance.

» Habitans du Midi, nous n'avons pas oublié que sous

l'égide de son édit de Nantes, nous eûmes d'immenses pros-
pérités, que long-temps alors nous avons été en possession de
la suprématie commerciale et industrielle.

» Nous n'avons pas oublié qu'après la révocation de cette sage
et grande mesure, notre pays fut couvert de ruines doulou-
reuses et imméritées.

» Retirer de l'oubli la mémoire du grand, du bon Henri,
était digne du Roi, qui, lui aussi, a su ne rien préférer
à la paix que l'honneur.

» De ce Roi, qui, protecteur éclairé du travail, apprit à ses
fils que s'ils sont les premiers dans l'Etat, ils ont aussi envers lui les plus grands devoirs.

» Monseigneur, dites au Roi notre profonde gratitude pour
la munificence qui dota notre ville de l'image du plus illustre
de ses enfans.

» Dites-lui qu'à côté du souvenir que nos cœurs garderont de
ce don, vivra tout aussi impérissable celui du Prince qu'il
envoya présider à cette grande solennité. »

Discours de M. Balencie, inspecteur de l'Académie.

« Monseigneur,

» Le corps Académique et les fonctionnaires du Collége
royal de Pau viennent vous présenter l'hommage de leur respect
et de leurs vœux.

» La présence si désirée de votre Altesse Royale dans la cité
qui se glorifie d'avoir vu naître le meilleur de nos rois, a excité, parmi ses habitans, des élans d'amour et des transports
d'allégresse.

» Le malheur des temps nous avait ravi l'image chérie de ce
prince vaillant. Son digne et immortel descendant nous l'a
rendue, et pour ajouter encore à notre bonheur, Sa Majesté a
délégué à un de ses augustes Fils la pieuse mission de l'inaugurer, comme si elle avait voulu nous montrer, par cette double
faveur, ce que déjà nous savions tous, qu'elle a pris pour
modèle son illustre aïeul, ce Roi si connu pour sa paternelle

sollicitude pour le peuple, et dont le peuple reconnaissant a gardé la mémoire.

» Le premier bienfait, je dirai plus, Monseigneur, la première dette de tout Gouvernement envers le peuple, c'est l'instruction primaire, qui a pour objet de le rendre meilleur, et, par conséquent, plus heureux.

» La loi qui a fait pénétrer cette instruction jusques dans les plus petits hameaux du Royaume, est une loi éminemment morale et philantropique. Elle suffirait, à elle seule, pour immortaliser le règne de Louis-Philippe.

» Je me félicite, Monseigneur, de pouvoir annoncer à V. A. R. que, dans notre contrée, cette loi a déjà porté ses fruits, au-delà de toute espérance.

» Dans une région plus élevée, l'instruction secondaire, sous la sainte influence de la religion, sous les lois d'une sage et ferme discipline, suit aussi, parmi nous, le mouvement progressif que l'Université imprime chaque jour de plus en plus aux études classiques.

» A mesure que les lumières s'étendent et se propagent, le besoin des études se fait vivement sentir. Aussi, jamais la nombreuse jeunesse de nos écoles ne montra tant d'émulation et d'ardeur pour le travail ; jamais elle ne fut si sérieusement préoccupée de son avenir.

Et comment n'en serait-il point ainsi, lorsqu'on voit les dignes fils de notre Roi, après avoir reçu avec elle, au sein de l'Université, la même éducation nationale, se soumettre à la loi commune, et ne vouloir tenir un grade, dans la carrière des armes, que du mérite personnel et des épreuves publiques d'un concours.

» Je m'estime heureux, Monseigneur, qu'il m'ait été donné, en l'absence du chef de l'Académie, de rendre devant V. A. R., ce public et juste témoignage, que dans les trois départemens du ressort, élèves et maîtres, tous rivalisent de zèle et d'efforts, pour répondre dignement à l'attente du Roi et du Pays. »

Le général Larriu, en présentant MM. les officiers retraités au Prince, s'est exprimé en ces termes :

« Monseigneur, les officiers retraités vous présentent leur respect et prient Votre Altesse de recevoir, par mon organe, la nouvelle assurance de leur dévoûment sans borne à votre auguste famille. »

Le Prince a répondu :

« Je la reçois avec plaisir de votre bouche. »

Ensuite M. le lieutenant-général Harispe a présenté au Prince MM. les colonels Olivet et Lèbre.

Immédiatement après les réceptions, le Prince s'est rendu aux Courses, dans une calèche escortée par la garde nationale à cheval. A sa rentrée au Château, S. A. R. a présidé un banquet offert par Elle aux principaux fonctionnaires et notabilités du Département.

A 9 heures du soir, le Duc de Montpensier a assisté au Concert et au Bal donnés par la ville.

C'était dans la vaste enceinte de la Halle que le Concert avait été disposé. Une immense estrade en gradins avait été dressée pour l'orchestre. Près de trois cents exécutans, choristes et instrumentistes, conduits par M. Habeneck, étaient là attendant le signal. L'auditoire se composait d'environ dix mille personnes.

Tout l'intérieur de la Halle était éclairé comme une salle de théâtre. Un lustre occupait le milieu de la voute. Les murs étaient tapissés de guirlandes de feuillage ; c'était partout de la verdure, de la lumière. Les personnes invitées pour le bal occupaient les galeries et les escaliers. Au bas se pressait une foule innombrable. C'était un océan de têtes !

Deux transparens, représentant les portraits en pied d'Henri IV et du Roi des Français, occupaient le fond de ce tableau.

A l'arrivée du Prince, des acclamations enthousiastes,
et répétées à dix ou douze reprises différentes, par ces
dix mille spectateurs, ont salué le descendant du Béarnais. S. A. R. témoignait par des gestes d'affectueuse
reconnaissance toute sa satisfaction, son bonheur, et les
cris de *vive le Roi! vive le Duc de Montpensier!* re-
tentissaient aussitôt avec plus de force.

Un roulement de tambour a donné le signal du concert. L'orchestre a exécuté d'abord la *Bataille d'Ivry.*
Puis les voix et les instrumens ont dit avec un magnifique
ensemble le chœur de *Judas Macchabée* et la *Cantate*
de MM. Liadières et Auber.

L'effet de ces deux derniers morceaux a été surtout admirable. Nous en appelons à M. Habeneck lui-même, et
nous sommes persuadés que ce sera là un des souvenirs
les plus précieux de sa vie artistique.

La *Cantate* est, sous le rapport musical, digne de
l'auteur de tant de chefs-d'œuvre. Elle porte le cachet de
son style. Les paroles sont dignes de la circonstance;
on voit qu'elles partent du cœur d'un véritable Poëte, d'un
bon Béarnais. Les strophes en ont été chantées avec une
chaleureuse énergie par M. Lafage, de Tarbes, lauréat
du conservatoire de Paris.

———

Le Bal du Cercle offrait un coup-d'œil magnifique;
mais les salons, décorés avec autant de goût que d'élégance, étaient tellement encombrés, il y avait tant d'empressement pour suivre les pas du Prince, que la chaleur
était accablante.

A 10 heures, les quadrilles se sont formés.

Le Bal a été ouvert par un quadrille dans lequel
figuraient :

LE PRINCE; M.lle Azevedo. — M. le Préfet; M.me
Mezin. — M. Daguenet, député; M.me Lamothe-d'In-

camps. — M. Pèdre La Caze, ancien député ; M.lle d'Uhart. — M. Lacoste, sous-préfet d'Orthez ; M.lle Viard. — M. le général Janin ; M.lle La Caze.

Le Prince a ensuite dansé plusieurs contredanses avec M.lle Drouin de Luiz, M.me Pardeilhan-Mezin ; M.lle Lamarque ; M.lle Pèdre La Caze ; M.lle Lavielle.

S. A. R. s'est retirée à une heure.

———

Le portique de la Halle était orné avec beaucoup d'élégance. De belles illuminations, que le vent a malheureusement contrariées, décoraient cette façade. On lisait sur un transparent : *Vive M. le Prince de Montpensier !*

———

Dans l'après-midi, des orchestres et des tréteaux de bateleurs avaient été dressés à la Haute-Plante et à la Porte-Neuve.

———

Lorsque le Conseil municipal a été admis au Château à présenter ses hommages au Prince, S. A. R. lui a témoigné à plusieurs reprises toute la satisfaction que lui faisait éprouver l'accueil cordial et sympathique de la Cité Béarnaise. Le Prince s'est fait ensuite présenter M. Raggi, et il l'a félicité sur la beauté de son œuvre. C'est M. Raggi qui a sculpté la Statue. M. Latapie, architecte du département, lui ayant été présenté ensuite, S. A. R. l'a complimenté sur sa participation à l'érection de ce monument, ainsi que sur les magnifiques travaux exécutés aux établissemens des Eaux-Bonnes et des Eaux-Chaudes.

———

La Garde nationale à cheval d'Oloron est venue se joindre à celle de Pau, pour servir d'escorte au Prince durant les fêtes de l'inauguration.

———

Le Prince est parti ce matin pour Coarraze.

JOURNÉE DU 26.

Excursion à Coarraze. — Nay. — Gelos.

Le Prince est parti vers les 9 heures pour aller parcourir la belle plaine de Nay, et déjeûner au Château de Coarraze, chez M. Dufau, procureur-général de la cour royale. S. A. R. était escortée de la garde nationale à cheval qui l'a constamment accompagnée dans toutes ses courses, et suivie de plusieurs voitures.

En passant à Bizanos, le prince s'est détourné de sa route pour visiter la fabrique à la Jacquart et la blanchisserie de M. Bégué. Tous les ouvriers étaient à leur poste; le Prince a tout examiné avec la plus grande attention, et après avoir témoigné toute sa satis-faction à M. Bégué, il s'est retiré en lui disant qu'il serait charmé de pouvoir dire au Roi qu'il avait vu dans tous ses détails la fabrique qui fournissait le plus beau linge de sa table.

Le Prince a continué sa route rapidement au milieu des flots empressés des populations, en traversant ces jolis villages à l'entrée desquels on avait élevé des arcs de triomphe de verdure; S. A. R. a remarqué surtout la forme élégante de celui de Coarraze, autour duquel était rangée la garde nationale avec le conseil muni-cipal, et une affluence encore plus considérable. M.gr le duc de Montpensier avait exprimé le désir de déjeuner à dix heures; il est arrivé à l'heure précise; il a été reçu au bas du perron par M. et M.me Dufau.

Entré un moment au Château, le Prince en est ressorti presqu'aussitôt pour examiner les environs; il s'est in-formé avec empressement de la *vieille-tour*, et a voulu y monter; parvenue sur la plate-forme, S. A. R. a té-

moigné toute son admiration à plusieurs reprises sur la
beauté du paysage; profondément émue à la vue de ces
lieux tout remplis des souvenirs de la jeunesse de son
Aïeul, elle ne se lassait pas d'entendre les moindres particularités, et sa piété filiale se manifestait par les ex-
pressions les plus touchantes.

Le Prince a dû s'arracher à ces douces contemplations,
lorsqu'on est venu lui annoncer que le déjeûner était
servi. — S. A. R. avait à sa droite M.me Dufau, et à sa
gauche M. le général Harispe. — M. Dufau était vis-à-
vis le Prince, ayant à sa droite M. le comte de S.t-
Cricq, et à sa gauche M. Amilhau, premier président
de la cour royale. — La table était de 25 couverts. On
y comptait : M. Azevedo, préfet du département; — M. le
général Jacobi, commandant du département des Basses-
Pyrénées; — MM. La Caze et Daguenet, députés du
département; — M. Fould, député des Hautes-Pyrénées; — M. le général Rachis; — M. de Latour, secrétaire des commandemens; — M. le vicomte Daru,
député; — M. Manescau, maire de Pau; — M. de Bois-
le-Comte, aide-de-camp de M. le général Harispe; — M.
Puyòo, commandant de la garde nationale de Pau; —
M. le baron Bernadotte, commandant de la garde nationale à cheval de Pau; — M. Palengat, maire de Coarraze;
— M. Pujoulet, curé de Coarraze.

À une autre table, se trouvaient avec les fils de M.
Dufau, les officiers de service et les gardes nationaux
à cheval de l'escorte.

M. et Mme Dufau ont fait les honneurs de leur château
avec une magnificence splendide; le Prince leur en a
témoigné tous ses remerciemens, de la manière la plus
aimable. — Il s'est ensuite rendu à Nay.

Là, S. A. R., après avoir été reçue par M. le maire,
à la tête du conseil municipal, est allée à l'hôtel-de-

ville, où M. le curé l'a complimentée. Elle a visité ensuite la fabrique de calicot de M. Lombré ; la fabrique de berrets béarnais de M. Fouard, et celle de MM. Lussagnet et Fould pour la filature du coton. — Le Prince s'est long-temps entretenu avec ces honorables industriels, a examiné avec le plus grand soin les produits de ces divers établissemens, et a prouvé par des paroles pleines de bienveillance tout l'intérêt que sa famille prend aux progrès du commerce.

Le Prince s'est ensuite retiré par la rive gauche du Gave ; il a trouvé partout sur son passage les mêmes préparatifs et le même empressement. Arrivé au haras départemental de Lezons, M. de Perpigna, directeur de cet établissement, a fait passer sous ses yeux nos belles jumens et quelques-uns de leurs produits. S. A. R. a manifesté tout ce qu'une pareille fondation pouvait exercer d'influence pour la régénération de la race Navarrine ; il a surtout remarqué *Valentine* qui a déjà remporté de si beaux triomphes.

De là, le Prince s'est rendu au dépôt d'étalons de Gelos, qu'il a examiné dans les mêmes détails. Il a paru satisfait de la tenue de cet établissement, et a fait espérer qu'il contribuerait de toute son influence à lui faire obtenir d'autres beaux chevaux qui, réunis à ceux que nous avons obtenu depuis quelque temps, auront pour résultat de placer bientôt ce dépôt à la hauteur qu'il mérite d'occuper dans nos contrées.

—

Rentré à Pau vers trois heures après-midi, S. A. R. après s'être reposée pendant quelques instans, a fait prévenir M. le Proviseur du Collège que la distribution des Prix pour laquelle on l'avait attendue, pouvait commencer, qu'elle ne tarderait pas à s'y rendre. Aussitôt, M. le Proviseur a prononcé d'une voix ferme et sonore un discours élégamment écrit, où se trouvent ramenées, avec un rare bonheur de pensées, les principales considérations qui doivent graver à jamais, dans le souvenir de la jeunesse Béarnaise, le souvenir des journées mémorables dont notre Pays vient d'être le témoin. — M. le Proviseur venait à peine d'achever une allocution aux élèves, lorsqu'un mouvement électrique qui s'est manifesté dans l'assemblée a annoncé l'approche de Monseigneur. Aussitôt la musique du régiment a fait entendre une marche militaire, les principaux chefs du Collége sont allés au-devant du Prince, et bientôt il a paru accompagné du même cortège de notabilités, auxquelles était venu se joindre M. le duc Decazes, qui a voulu venir de Bordeaux pour assister à nos solennités. S. A. R. a dû être agréablement surprise, après des courses si fatigantes, de se trouver sous la voûte d'un grand bosquet de chênes séculaires, où l'on avait ménagé, avec beaucoup de goût, une salle d'un nouveau genre, pour la distribution. Plus de douze cents dames, des pères de famille, s'y trouvaient commodément assis. Toute l'assemblée s'est levée à l'arrivée de S. A. R., et l'a saluée des cris de *vive le Roi!* Parvenue à la place qui lui avait été préparée, le Prince a daigné décerner de sa main le Prix d'honneur de Philosophie. D'autres élèves ont été couronnés par les principaux dignitaires qui accompagnaient le Prince. Après avoir assisté à la distribution des prix jusqu'à la 3.ᵉ, et témoigné toute sa satisfaction de ce qu'il avait vu, le Prince s'est retiré avec le même cérémonial.

Son Altesse est allée ensuite visiter l'Hospice, et là, elle a donné de nouvelles preuves, auprès du lit des malades, de sa générosité, de la bonté de son cœur: C'est surtout dans cet asile des souffrances, en s'entretenant avec les sœurs respectables de St-Vincent de Paule, qu'on a pu reconnaître un petit-fils d'Henri IV.

Une dernière visite restait à faire à celui qui vient nous rendre son image vénérée ; c'était l'humble maisonnette où ce grand prince suça d'une paysanne de Bilhère le lait des héros. Après avoir rempli ce devoir religieux avec tout le respect que peut inspirer la piété filiale ; S. A. R. s'est rendue à la caserne et enfin est rentrée pour dîner à la Préfecture, pouvant dire qu'elle n'avait pas perdu sa journée.

———————

Dans la matinée, M. Castelnau, adjoint, avait réuni au Cercle tous les enfans des Ecoles de la ville, afin de distribuer aux 4 sujets de ces écoles reconnus les plus méritans, les livrets de la caisse d'épargne accordés par le Conseil Municipal. Cette cérémonie a été fort intéressante. M. Castelnau a adressé à ces enfans une touchante allocution, dans laquelle il leur a donné de sages conseils, d'excellens préceptes, qui certainement ne seront pas perdus pour l'avenir.

———————

Dans l'après-midi, il y a eu spectacle *gratis*, orchestres de danse à la Porte-Neuve et à la Haute-Plante, exercices de saltimbanques, mât de cocagne sur la place Henri IV, et ascension de ballon dans la soirée. Tous ces divertissemens avaient attiré de nombreux spectateurs.

Bal du Château.

Parmi les fêtes brillantes auxquelles l'inauguration de la statue d'Henri IV vient de donner lieu, celle-ci a été une des plus magnifiques.

Quand on songe au délabrement dont le Château de Pau donna pendant tant d'années l'affligeant spectacle, et à la riche transformation qu'il a subie, grâce à la munificence d'un Roi, protecteur éclairé de tout ce qui

3

se recommande au culte des souvenirs nationaux, on est amené à une bien respectueuse reconnaissance envers le souverain qui a déjà tant fait pour notre ville.

C'était en 1787, que fut donnée au Château la dernière des fêtes qui précédèrent la révolution. Elle avait eu lieu à la rentrée d'exil du Parlement de Navarre.

Entre cette fête et celle offerte aux habitans de Pau par le prince de Montpensier, 60 ans s'étaient écoulés, toute une génération s'était éteinte.

La tradition nous avait conservé le récit des splendeurs dont le Château d'Henri IV avait été alors le témoin. Cette chaîne de souvenirs béarnais a été renouée samedi d'une manière splendide qui n'a rien à redouter du parallèle avec le vieux temps.

C'est à 9 heures, que le bal a commencé. Il n'est guère possible de rendre l'effet magnifique et grandiose du coup-d'œil qu'offraient les salons éclairés avec un luxe resplendissant. Les cristaux des lustres jetaient leurs radieuses étincelles sur les plafonds dorés. C'était magique, enchanteur, vraiment royal. Une foule brillante se pressait dans les trois salons, et venait, sur le large balcon, respirer l'air pur de la nuit et jouir du magnifique panorama de la vallée, où les montagnes détachaient leurs grandes ombres sur la ligne argentée du Gave. Au milieu des riches uniformes de généraux et d'officiers, des broderies des fonctionnaires, des élégantes toilettes, on remarquait plusieurs personnages revêtus de l'habit de Pair et de celui de Député.

Le Prince a dansé avec M.lle *Dutey*, nièce de M. le général Harispe; — M.me *Dartigaux*, fille de M. le comte de S.t-Cricq; — M.lle *Azevédo*, fille de M. le Préfet; — M.lle *Drouin de Lhuis*, nièce de M. le comte de S.t-Cricq; — M.me *Ernest Leroy*, femme de M. le Sous-Préfet de Bayonne; — M.me *Pardeilhan-Mezin*, fille

de M. le Maire de Pau ; — Mlle *La Caze*, fille de l'ancien député.

A minuit, toutes les dames sont descendues dans la
salle , où un magnifique buffet avait été préparé. Le bal
a duré jusqu'à 4 heures.

Tout avait été disposé pour cette fête avec un goût parfait et une entente extrême. Les escaliers et le vestibule des
salons étaient ornés avec une rare élégance. On marchait
entre deux haies de fleurs. Les vieux murs avaient été
masqués par des tentures bleues sur lesquelles se déta-
chait admirablement la mate blancheur des sculptures
de la voûte de la reine Marguerite. Toute la cour du
château était brillamment illuminée, ainsi que les abords.
Les voitures entraient par la Basse-Plante, par le pont
Louis-Philippe et par l'esplanade du Château.

JOURNÉE DU 27.

INAUGURATION.

A 6 heures du matin, une salve de 21 coups de canon a annoncé aux habitans cette grande solennité.

A 7 heures, M.gr l'évêque de Bayonne célébrait dans la chapelle du Château une messe d'actions de grâce. Le Prince y assistait.

A 9 heures, la garde nationale et les différens corps de troupes de la garnison allaient prendre possession des postes qui leur avaient été d'avance assignés. Toutes les autorités se rendaient au Château pour servir d'escorte à S. A. R.

A 10 heures, le cortége quittait le Château pour se rendre à la Place Royale. Il marchait dans l'ordre suivant :

La musique des Chasseurs à cheval ; — la Garde nationale à cheval ; — les Juges de Paix ; — l'Etat-major de la place ; — les Officiers de la Garde nationale ; — le Tribunal de Première Instance ; — le Tribunal de Commerce ; — le Corps Municipal ; — l'Université et le Collège ; — le Conseil de Préfecture et les Sous-Préfets ; — les Officiers de l'Etat-major de la division ; — le Conseil-Général ; — la Cour Royale.

LE PRINCE s'avançait ensuite ; ayant à sa droite M. le lieutenant-général comte Harispe, pair de France, commandant la 20.e division militaire, et à sa gauche le comte de Saint-Cricq, pair de France, Président du Conseil-Général. Derrière lui marchait immédiatement M. Amilhau, premier Président de la Cour Royale, ayant à sa droite M. le Préfet, et à sa gauche M. le maréchal-de-camp commandant le Département ; puis

MM. les Députés du département et diverses notabilités militaires; MM. les Présidens des tribunaux de première instance et de commerce; M. le Maire de Pau, ayant à sa droite M. le Commandant de la garde nationale, et à sa gauche le commandant de la gendarmerie.

Venait ensuite la Commission de la Statue.

Le Cortège était fermé par un piquet d'infanterie.

Les rues du Château, de la Préfecture et S.t-Louis, avaient été de bonne-heure envahies par la foule. Néanmoins la marche du cortège au milieu de cette masse de curieux, que contenaient une haie formée par des détachemens de troupes de ligne, s'est exécutée avec un ordre admirable. Rien de plus solennel et de plus imposant que l'aspect de ce long défilé, que toutes ces croisées garnies de spectateurs, que toutes ces maisons pavoisées de drapeaux, et surtout que ce coup d'œil vraiment majestueux de la Place Royale où des flots de peuple se pressaient depuis le matin. Au centre de cette Place et devant la Statue, une tente d'une élégante richesse avait été dressée pour recevoir le Prince, le Conseil général du département, la Cour Royale et les tribunaux, l'état-major de la division, etc. Vis-à-vis s'élevait un vaste amphithéâtre destiné à l'orchestre et aux choristes. Deux estrades occupées par 400 dames faisaient face à la statue, sur les côtés de laquelle étaient placés, à gauche, le Conseil municipal, MM. les Maires des chefs-lieux de canton, les Officiers de la Garde Nationale; à droite MM. les Officiers en retraite, divers fonctionnaires; et sur le devant de la tente du Prince, la Commission de la Statue. Enfin, tout autour de la place, les propriétaires avaient échafaudé sur tous les points, jusque sur les terrasses des maisons, des gradins dont toutes les places avaient été vivement recherchées. Tout cela présentait le plus majestueux coup-d'œil.

On voyait dans la tente du Prince, à côté de nos notabilités parlementaires, M. le Duc De Cazes, grand référendaire de la chambre des Pairs et M. le marquis de Lusignan, pair de France. M. De Cazes portait, ainsi que M. le lieutenant-général Harispe, le grand cordon de la légion-d'honneur.

A 10 heures, le signal ayant été donné par M. Habeneck, l'orchestre a exécuté la *bataille d'Ivry*. Puis, au milieu d'un religieux silence, a commencé la *Cantate*. La statue était voilée de draperies blanches. A l'instant où les voix et les accompagnemens formidables du chœur venaient de couvrir de leur puissante explosion la dernière strophe de l'œuvre de MM. Liadières et Auber, a eu lieu la scène grandiose et saisissante de la découverte de la Statue.

Nous ne saurions rendre l'effet que ce moment a produit, et le sentiment indéfinissable de bonheur qui a débordé de toutes les âmes, lorsque cette opération dirigée avec une remarquable habileté par M. Latapie, architecte du département, et exécutée comme par un coup de baguette, a fait apparaître tout à coup aux regards avides de la contempler cette noble et glorieuse image d'HENRI LE BÉARNAIS !....

Pendant que la foule admirait cette belle Statue, que le Béarn avait en vain demandée pendant si long-temps, et que la munificence du Roi des Français a enfin accordée à ses vœux, la musique et les chœurs faisaient retentir la place de l'air national : *Vive Henri IV !* et une salve de 21 coups de canon grondait au loin et mêlait son bruit aux acclamations de toute l'assemblée. L'orchestre a ensuite exécuté l'air Béarnais : *La haüt sus las mountagnes.*

En avant de la tente du Prince, on voyait placés sur une table des ouvrages magnifiquement reliés, une cassette et divers autres objets, destinés à être déposés sous les dalles du monument. Le Prince et les principales notabilités ont signé le procès-verbal de l'inauguration, et cette pièce ayant été jointe aux livres traitant de l'histoire d'Henri IV, à diverses médailles et monnaies frappées au 16.e siècle, etc., tous ces objets ont été renfermés dans un petit caveau par M. l'ingénieur en chef du département et par M. Raggi, le célèbre sculpteur, qui était venu assister à l'inauguration de son œuvre.

Alors, M. le comte de St-Cricq, président du conseil général, s'est levé, et a dit :

« Monseigneur,

» Depuis bientôt trois siècles Henri IV vit ici dans tous les cœurs.

» En nous dotant de son image, en envoyant Votre Altesse Royale au milieu de nous pour présider à son inauguration, le Roi a voulu honorer le culte que nous rendons au meilleur comme au plus grand de ses aïeux. Daignez, Monseigneur, être auprès de Sa Majesté l'organe de notre vive et profonde reconnaissance.

» Parmi les œuvres de l'esprit et des arts que V. A. R. vient de déposer dans ce piédestal, le plus précieux sans aucun doute est ce recueil d'inimitables lettres, récemment publié, avec l'approbation du Roi, par les soins d'un Ministre ami de tout ce qui est beau, et qui a su comprendre que le plus digne hommage à la mémoire de Henri ce serait ce monument élevé par Henri lui-même.

» L'une de ces lettres surtout demeurera chère au Béarn.

» Le 20 décembre 1593, le Roi de Navarre, déjà Roi de France, en donnant à son lieutenant commission de tenir les états de *ses royaume de Navarre et pays souverain de Béarn*, lui écrivait : « Vous avez déjà assez séjourné dans le pays pour avoir » reconnu et observé les mœurs de mes sujets, lesquels je dé- », sire que vous mainteniez en cette ferme créance, que, *comme*

» *ils sont les premiers sur qui Dieu m'a donné autorité,*
» *aussi veux-je continuer ce soin et cette affection singulière*
» *envers eux, que j'ai portés dès ma naissance.* » Belles et
touchantes paroles qui justifient si bien l'amour que nos pères
portèrent à leur Prince, et l'amour dont nous avons hérité pour
sa mémoire.

» Les Béarnais d'aujourd'hui ne se prétendent pas les aînés
de la grande famille française : ils savent que tous les Français
ont un droit égal au bienfait de nos institutions, à la sollicitude du Monarque à qui le vœu national en a remis la garde.
Confiants dans sa haute sagesse, dans son habileté tant éprouvée,
dans son dévouement à l'honneur et à la prospérité de la commune Patrie, dans les nobles et déjà brillans travaux de ses
Fils, ils sont fiers de dire, en contemplant, devant l'image
de celui qu'on nomme encore le Béarnais, l'un de ses jeunes
descendants : La dynastie de Louis-Philippe est toujours la
dynastie de notre Henri ! »

M. le Préfet prenant ensuite la parole, s'est exprimé
ainsi :

    « Monseigneur, Messieurs ;

» Deux cent trente-trois ans ont passé sur la cendre d'Henri
IV, le Béarnais, et depuis plus de deux siècles ses com-
patriotes, parmi lesquels sa mémoire est encore vivante, les
étrangers qui l'admirent, cherchaient en vain son image
dans la ville qui a eu le bonheur de lui donner naissance.
Ce n'était ni indifférence ni oubli. Henri est l'un des plus grands
Rois de notre monarchie; l'un des plus grands hommes des
temps modernes. C'est un héros aimable, spirituel, populaire,
que l'on aime d'instinct, avant de connaître les grandes actions
de sa vie. Aussi nos pères avaient-ils souvent émis le vœu
de voir à côté du berceau du bon Henri un monument consacré à sa mémoire. Mais sous l'ancienne monarchie comme
sous les gouvernemens qui lui ont succédé, on négligeait la
cité Béarnaise qui avait produit le grand homme dont on se
glorifiait.

» Il était donné au Roi votre père, Monseigneur, de réa-

liser le vœu du Département des Basses-Pyrénées, et de le
réaliser avec cet éclat, cette solennité, que commandait ce
grand nom : Henri IV. Il a voulu que la statue de son illustre aïeul fut élevée en quelque sorte par un des Princes
ses fils, devant tous les corps qui représentent le Département, devant le Peuple tout entier. Il a voulu que V. A. R.
vint habiter ce Château, berceau de sa race. Il le répare, il
le restaure, parce qu'il ne veut pas que rien de ce qui rappelle le Béarnais reste en oubli. Grâces lui en soient ren-
dues, Monseigneur ; portez-lui l'expression de notre gratitude,
de notre reconnaissance. Qu'elles puissent alléger un moment
les charges du trône et le chagrin de cette perte cruelle que
nous ayons tous profondément sentie. Ce Prince que nous regrettons, était lui aussi petit-fils d'Henri IV ; il le rappelait
par sa grâce, sa bonté, son courage ; il lui aurait ressemblé
sur le trône.

» Au milieu de cette fête vraiment nationale que nous célé-
brons, vous n'attendez pas que je vous arrête sur les qualités
éminentes de Henri-le-Grand. Qui ne sait cette vie pleine et
glorieuse ? Son nom est dans toutes les bouches, ses actions,
ses paroles dans tous les souvenirs. D'autres ont été comme
lui vaillants capitaines, habiles politiques ; mais ce qui le dis-
tingue surtout, Monseigneur, c'est d'avoir été le Roi de son
temps ; c'est d'avoir admirablement compris son époque. Dans
un siècle d'idées, de mouvement, d'agitation, il a su, en
arrêtant et maîtrisant les factions, en comprimant avec vigueur
l'anarchie, démêler les besoins réels du pays et les satisfaire.
Henri était doué de cette haute prévoyance qui, par d'utiles
réformes, sait prévenir les révolutions. Après de tristes et san-
glantes guerres civiles, il fit jouir le royaume d'une paix
profonde. Ce qu'il fit alors, Monseigneur, nous le voyons de
nos jours, grâce à la haute sagesse du Roi. Comme Henri IV,
il a terminé la lutte qui régnait en France depuis 50 ans.
Ce que voulaient nos pères à la fin du dernier siècle, en
1789, ce qu'ils ont cherché à travers les essais les plus ora-
geux, à travers toutes les gloires, ce but de tous leurs ef-

forts, nous ne l'avons atteint que depuis le jour où le Roi votre père, appelé au trône, a saisi d'une main ferme et habile les rênes de l'Etat, et a si bien compris qu'il fallait à la France un gouvernement qui fut à la fois monarchique et libre. La prévoyance du Roi est allée plus loin. Vous et les Princes, vos frères, Monseigneur, vous avez été élevés et vous avez grandi au milieu de notre jeunesse, comme Henri IV au milieu des montagnards de nos Pyrénées, pour que l'alliance entre le Pays et la Dynastie qui doit le gouverner fut plus intime, plus profonde, et qu'ils fussent à toujours pénétrés du même esprit.

» Henri IV, Louis-Philippe ! Réunissons ces deux noms aux pieds de l'auguste image que nous venons de découvrir ; confondons dans nos hommages le Roi et son immortel aïeul. Et vous, Prince, dont la présence met ici le comble à l'allégresse générale, permettez-nous d'espérer que vous aimerez nos Pyrénées, que vous les adopterez, et qu'en parlant de V. A. R, les habitans de ces contrées pourront dire *notre Prince*, comme ils disent et diront à jamais *Nouste Henric.*

» Gloire à la mémoire d'Henri IV.

» *Vive le Roi !* »

S. A. R. le duc de Montpensier a répondu en ces termes :

« Messieurs,

» Dans cette fête vraiment nationale, au milieu de ce con-
» cours immense réuni autour de la statue d'Henri IV, il doit
» être permis à l'un de ses Petits-Fils de venir, à son tour,
» saluer l'image du Roi-Béarnais. L'amour fidèle que, depuis
» plus de deux siècles, ce pays lui a conservé, atteste d'une
» manière éclatante que rien ne décourage ni ne lasse la
» justice de la postérité. Comme Henri IV (et je vous remercie
» de me l'avoir si bien rappelé), le Roi, mon père, a été
» choisi par la Providence pour rapprocher les esprits trop
» long-temps divisés ; et vos acclamations, qui sont ici celles
» de la France entière, m'ont prouvé que pour lui aussi le jour
» de la justice a commencé. C'est déjà pour son cœur une

» consolation et la douce récompense de son dévoûment à la
» Patrie, que cette occasion que vous lui avez offerte de consacrer
» par un nouvel hommage la mémoire immortelle d'Henri IV.
» Heureux et fier d'avoir été envoyé par le Roi pour le rem-
» placer dans cette circonstance solennelle, je vous remercie
» de m'avoir traité en Béarnais et comme un descendant de
» celui que je puis appeler aussi comme vous : Notre Henri ! »

Les cris de *Vive le Roi ! Vive le Duc de Montpensier !* qui avaient déjà éclaté à plusieurs reprises, ont
couvert ces nobles et belles paroles. C'était un touchant
tableau que celui de ces acclamations vibrantes qui par-
taient de tous les points à la fois. Au milieu de cet
enthousiasme le Petit-fils d'Henri IV s'est levé et s'est
dirigé vers la statue. Après avoir scellé la pierre qui
recouvre la cavité où les objets que nous avons mentionnés
ont été mis, le Prince, suivi du cortège, a fait lentement
le tour du monument, pendant que la musique militaire répétait à son tour l'air : *Vive Henri IV !*

Rentré sous sa tente au milieu des marques de sympathie et de respect qui éclataient de toutes parts, le
signal a été donné pour le défilé des troupes. Alors la
garde nationale, les compagnies d'élite du 9.e léger,
le 25.e de ligne et les compagnies du 6.e et du 72.e,
qui pendant la cérémonie avaient été serrées en masse
derrière la Statue, se sont ébranlées au son d'une musique
guerrière qui exécutait la *marche des Princes*, souvenir
glorieux de l'expédition des Portes de Fer. Ce défilé,
qui a eu lieu dans le plus grand ordre, a été magnifique. L'attitude et le parfait alignement des pelotons
de la garde nationale ont été unanimement remarqués.

L'Inauguration de la Statue étant achevée, le cortège
s'est remis en marche dans un ordre inverse de celui
de son arrivée, et toutes les autorités ont reconduit le

Prince au Château, en passant par la rue Royale et la rue du Palais.

On ne saurait donner trop d'éloges aux excellentes mesures que M. Castelnau, adjoint, avait prises de concert avec M. le Maire pour la police. Grâce à l'exécution parfaite de ces dispositions, tout s'est passé au milieu de cette immense population, avec un ordre admirable.

———

Dans le récit que nous venons de retracer, nous n'avons pas pu mentionner diverses particularités de la fête qui prendront place à mesure que nos souvenirs nous les rappelleront. Ainsi, après l'exécution de la Cantate, le Prince a fait appeler M. Habeneck et l'a félicité, en présence de tout le monde, du talent et de l'habileté avec lesquels il a accompli sa mission musicale. Il a fait approcher également M. Lafage, et a complimenté ce jeune chanteur sur la manière vraiment remarquable dont il a rendu les belles strophes de la partition de M. Auber.

On remarquait dans les rangs du cortége, parmi les maires des communes du département appelés à prendre part aux fêtes de l'inauguration, un vieillard octogénaire, portant le vieux costume Ossalois.

———

Banquet du Parc. — Illuminations. — Feu d'artifice.

C'est à 5 heures 1/2 que la fête du Parc a commencé. Une foule de spectateurs, qu'on pourrait évaluer sans exagération à 25 ou 30 mille personnes, inondait de ses flots pressés tous les abords de cette magnifique promenade. Les portes du Parc ayant été interdites au public par mesure d'ordre, toute cette foule avait reflué sur la route de Bayonne et s'étendait en nappe pittoresque dans une immense prairie faisant face au banquet, où elle s'échelonnait en amphithéâtre. Le repas était de 350 couverts. Au nombre des invités, on remarquait les maires des chefs-lieux de canton des Basses-Pyrénées, le Conseil-général, la Cour Royale, le Conseil municipal de Pau, les tribunaux de 1.re instance et de commerce, l'état-major de la 20.e division militaire, et un grand nombre de généraux et d'officiers de la garde nationale, de la ligne et en retraite, M. le Préfet et le Conseil de préfecture des Basses-Pyrénées, plusieurs préfets et sous-préfets, les chefs des administrations, et divers étrangers de distinction.

La place du Prince était au milieu du Banquet. On remarquait avec émotion, assis non loin de lui et à la même table, deux soldats d'artillerie, de l'arme dans laquelle S. A. R. est appelée par ses fortes études à servir avec une distinction dont la France recueillera un jour les fruits.

Dans la prairie qui sépare le Parc de la route, une tente avait été dressée pour le Prince. Des musiques militaires étaient placées de distance en distance et jouaient alternativement. Des pièces d'artillerie répondaient aux toasts.

Voici celui qui a été porté par M. le Maire au nom de la ville de Pau :

Monseigneur a dit aujourd'hui :

« Heureux et fier d'avoir été envoyé par le Roi pour le
» remplacer au milieu de vous, je vous remercie de me trai-
» ter en Béarnais, et comme un descendant de celui que je
» peux aussi appeler, comme vous, notre Henri. »

« Prince, de nombreux témoins affirmeront long-temps, et rediront à tous, que la qualité de Béarnais vous est chère. La ville de Pau, si belle aujourd'hui, si heureuse de cette pompe inaccoutumée qui sera de l'histoire, exprime, par mon organe, ses vœux du cœur, pour votre avenir.

» Oui, Monseigneur, soyez heureux, parcourez avec votre Auguste famille ce cercle brillant de souveraineté où l'ont placée l'amour et le courage du peuple. Soyez heureux; vos concitoyens d'adoption vous suivront dans votre noble carrière; ils auront, pour tous vos succès, de dévouées et tendres sympathies. »

Le Prince s'est levé immédiatement, et a répondu d'une voix émue :

« Messieurs,

» Je vous remercie au nom du Roi des sentiments que vous
» venez de manifester pour lui avec tant de force. Je lui en
» reporterai fidèlement l'expression. Pour moi, comment vous
» remercier assez de l'accueil que vous me faites. Mon cœur
» en est pénétré de reconnaissance. J'ai été heureux de vous
» recevoir à mon tour dans ce vieux Château, berceau de
» notre famille, et qui semblait attendre pour sortir de ses
» ruines la solennité de ces fêtes. Henri IV est le héros de
» ce jour. Béarnais comme lui et comme vous, je bois à la
» mémoire d'Henri IV et à la prospérité de ce pays qui était
» digne de le voir naître puisqu'il sait si bien l'honorer. »

Nous avons dit que la masse des spectateurs qui entouraient le parc et suivaient les convives de leurs regards offrait un magique tableau. Cela formait un encadrement magnifique au banquet. Vers la fin du repas, le Prince a donné l'ordre de lever la consigne qui interdisait l'entrée du Parc. Il a voulu, comme son aïeul, qu'on laissât approcher ceux qui voulaient le voir de près. Alors la foule s'est jetée dans les allées, s'est précipitée en masse dans la prairie.

A l'entrée de la nuit, l'illumination a commencé. Rien ne serait assez expressif pour en décrire la beauté.

Ces masses de lustres en fil d'archal supportant des verres
de toutes les couleurs qui se balançaient aux branches
des arbres, étaient surtout d'un effet admirable. La foule
qui se pressait dans les allées, les cris de joie, le bruit
des orchestres, tout cela formait un spectacle plein d'ori-
ginalité, de pompe populaire.

Des précautions infinies avaient été prises pour éviter
les accidens qu'aurait pu occasionner la grande affluence
des spectateurs placés, pour voir le feu d'artifice,
sur la crête du Parc; des piquets supportaient des
cordes, tendues tout le long de la falaise qui s'étend
dans toute la longueur de l'allée. Grâce à ces sages
mesures, nous n'avons pas appris, au milieu d'une
agglomération si nombreuse de gens avides de voir,
qu'il y ait eu aucun accident à déplorer.

C'est à 7 heures et demie, que les premières bombes
du feu d'artifice ont été tirées. Nous ne serons que dans
le vrai en disant qu'il a dépassé tout ce qu'on pouvait
prévoir, notamment le feu de deux rangs exécuté par
la troupe et le bouquet représentant le Château d'Henri
IV. Mais ce qui donnait surtout à ce divertissement
pyrotechnique un caractère tout nouveau, c'était le
site. Qu'on se représente des feux de Bengale éclairant
de temps à autre de leurs vives et blanches lueurs
toutes les grèves du Parc, les coteaux, la vallée;
tandis que les feux croisés d'une rive à l'autre des
bataillons du 25.e jetaient dans les airs des milliers de
brillantes étoiles qui retombaient dans la rivière et
recouvraient l'eau d'une dentelle de feu. — Nous devons à
la Liste Civile d'avoir fait assister notre population
à un spectacle vraiment féerique.

Ce qui ajoutait un caractère particulier à cette fête de
nuit, c'était la vue des coteaux de Jurançon et de Gelos,

sur lesquels il avait été allumé de nombreux feux de joie. Guindalos, le haras de Gelos et Bellevue, étaient brillamment illuminés.

Après le feu d'artifice, le Prince s'est promené dans le Parc. A neuf heures il s'est retiré. Les danses ont continué fort avant dans la nuit.

Des distributions de secours avaient été, par les soins de la Mairie, faites aux indigens de la ville. On avait eu l'heureuse pensée de mettre à exécution, dans cette circonstance, le vœu populaire du Béarnais. Le pauvre a eu sa *poule au pot*.

Un habitant de la Basse-Ville, M. M......, qui avait voulu aussi payer son tribut de charité aux malheureux, avait fait distribuer à douze pauvres ménages une poule, un litre de vin et un kilogramme et demi de pain pour chacun d'eux.

Nous avons remarqué, à la suite du Prince, le riche costume d'un officier d'un des régimens de hussards de nouvelle formation. Le nom de cet officier rappelle un nom cher au Béarn, celui de M. de Noé, le dernier évêque de Lescar.

Courses de dimanche.

Ceux qui avaient vu l'affluence prodigieuse qui se pressait à la seconde course, ne pouvaient guère présumer que cette affluence pût s'accroître encore. C'est cependant ce qui a eu lieu hier. Il n'y a pas de précédens

d'un concours de voitures, de cavaliers et de piétons sem-
blable à celui qui s'était porté à l'hippodrome. On comptait environ 7 à 800 équipages et voitures de toute sorte.
Toutes les tribunes regorgeaient de spectateurs. Le vaste
pourtour des banquettes de gazon était à demi occupé.
Quelqu'un qui a l'habitude de grouper les masses
a évalué cette foule à 40,000 spectateurs.

Voici le résultat de cette journée hippique :

Première Course.

PRIX DE 1,000 FR., ACCORDÉ PAR S. A. R. MONSEIGNEUR
LE DUC DE MONTPENSIER.

**Chevaux entiers et jumens de tout âge, nés et élevés dans
le département des Basses-Pyrénées.**

Le trajet à parcourir était de 2 kilomètres en une seule
épreuve.

Sur sept chevaux inscrits au programme, il n'y en a eu que
deux qui ont concouru.

Tartarine, Anglo-Navarrine, appartenant à M. Lascassies,
d'Idron, 2'32".

Valentine, Pur-sang Anglais, appartenant à M. de Perpignà,
de Pau, Directeur du Haras départemental, 2'26". Elle a remporté le prix.

Deuxième Course.

PRIX PRINCIPAL DE 1,500 FR.

Chevaux entiers et Juments de 3 ans et au-dessus.

Le trajet à parcourir était de 4 kilomètres, en une seule
épreuve.

Sur huit chevaux inscrits au programme, il n'y en a eu
que deux qui ont concouru.

4.

Bai-Brune, Anglais pur-sang, appartenant à M. Lafont-Feline, de Bordeaux, 5'9"1/5.

Fortunata, Anglais pur-sang, appartenant à M. le V.te de Barbotan, de Pau. *Bai-Brune* a remporté le prix.

Troisième Course.

PRIX DE 500 FRANCS, DONNÉ PAR UN MEMBRE DE LA SOCIÉTÉ D'ENCOURAGEMENT.

Poulains entiers et pouliches de 3 ans seulement, nés et élevés dans les Basses-Pyrénées, et qui n'auront pas gagné de prix.

Le trajet à parcourir était de 2 kilomètres en une seule épreuve.

Tartarine, Anglo-Navarrine, appartenant à M. Lariau, de Mazères-Lezons, 2'38", a remporté le prix.

Brenda, Anglaise demi-sang, appartenant à M. Carrère, de Pau, 2'38"2/5.

Notre hippodrome a désormais reçu sa consécration, et il n'est aucun des nombreux étrangers qui étaient venus assister à nos fêtes qui n'ait proclamé à quel rang distingué un tel établissement a droit de prétendre. Tous se sont accordés pour vanter la beauté, les avantages de ce terrain où la nature a fait des frais si grandioses. Tous ont dit que son site était admirable.

Nos chevaux ont parfaitement soutenu la lutte avec les chevaux étrangers. L'avenir est donc beau pour notre régénération chevaline.

Désormais, notre hippodrome a acquis des droits à une répartition plus large des primes accordées par le gouvernement. Nous avons l'espoir que cette rémunération des efforts de nos éleveurs ne nous fera pas défaut, et nous aurons d'ailleurs un protecteur puissant dans le haut patronnage que S. A. R. le duc de Montpensier a bien voulu accepter.

C'est une justice, en terminant ce compte-rendu, de féliciter M. Mondiet, conseiller de préfecture, du zèle et du dévoûment qu'il a apportés dans les fonctions d'ordonnateur de tout le service de surveillance de l'hippodrome. On a remarqué avec satisfaction le bon ordre qui avait été établi hier pour empêcher les accidens de voitures. Aussi, vû le grand nombre, le défilé de ces voitures a-t-il été fort-long. Il a duré près de 3 heures.

Dans le nombre des personnes faisant partie du Cortège le jour de l'Inauguration de la Statue, nous avons omis de désigner M. le colonel *Thierry*, Aide-de-camp du Prince; M. le colonel *Poque*, Gouverneur du Château, et M. de *Latour*, Secrétaire des commandemens; tous les trois se trouvaient à la suite du Prince, comme attachés à la Maison Royale. — C'est aussi M. Poque qui, en sa qualité de Gouverneur, reçut S. A. R. à l'entrée du Château, le jour de son arrivée, et qui, dans la journée de la fête au Parc contribua par son activité et les mesures qu'il avait prises pour contenir la foule qui se précipitait pour voir le Prince, à éviter des accidens.

Ce matin 28, S. A. R. M.gr le Duc de Montpensier a quitté notre ville à 11 heures 1/2. Une salve de 21 coups de canon a annoncé son départ aux habitans. Une foule nombreuse s'était portée sur la route de Tarbes pour le saluer encore une fois.

Le Prince était en costume de ville. Il répondait, en s'inclinant gracieusement, aux acclamations que son passage excitait.

Arrivé aux allées de Morlàas, le Prince a mis pied à terre, a serré la main avec affection à toutes les notabilités qui l'avaient accompagné; puis il est remonté en voiture.

Avant de partir, S. A. R. a voulu visiter dans tous ses détails le Château d'Henri IV. Accompagné de MM. Lefranc, architecte de la Couronne, et de M. le baron d'Henneville, inspecteur de la maison du Roi, le Prince en a parcouru toutes les parties, et s'est fait rendre compte de l'exécution des travaux.

Un de nos artistes, M. Butay, avait présenté à S. A. R. M.gr le duc de Montpensier un tableau représentant la Place Royale et la Statue d'Henri IV. Le jour de l'inauguration, le Prince, apercevant M. Butay, l'a appelé auprès de lui, et après lui avoir témoigné de la manière la plus flatteuse sa satisfaction, il lui a exprimé son étonnement de voir un peintre plus qu'octogénaire manier encore le pinceau avec tant d'adresse et d'habileté. Le lendemain, M. Butay recevait de S. A. R. un objet de prix comme gage de son souvenir.

En rendant compte de l'Inauguration, nous avons dit combien le défilé des troupes avait été beau et imposant. Ce n'était pas chose facile que de tirer parti d'un terrain étroit et encombré, ainsi que l'a fait M. le colonel du 25.e de ligne, qui commandait cette manœuvre. Ses dispositions avaient été parfaitement prises, et les pelotons ont conversé avec une précision et une régularité mathématiques qui font honneur à son coup-d'œil militaire.

Le Prince a fait distribuer 1,000 fr. aux troupes d'infanterie et cavalerie; 100 fr. à l'artillerie, et 300 fr. aux corps de musique des régiments. Les troupes ont reçu en outre une ration de vin pendant les trois journées qu'ont duré les fêtes.

Avant de quitter Pau, le Prince n'a oublié ni les pauvres ni les malades. S. A. R. a fait remettre à M.me la supérieure de l'hospice, par M. le Préfet, une somme de 500 francs, et 1,500 fr. pour le bureau de bienfaisance et pour les pauvres.

Dans sa visite aux divers établissemens industriels de Bizanos et de Nay, le Prince, avait laissé aussi, aux ouvriers de MM. Bégué, Lombré, Lussagnet, Fouard, des marques de sa munificence. Il avait en outre acheté, à la fabriqne de M. Fouard, différents produits de l'industrie locale, tels que berrets, etc., et distribué, en traversant les communes, diverses sommes aux indigens.

On assure que le Prince a daigné accorder à d'autres personnes qui avaient puissamment coopéré à l'éclat des fêtes, de brillantes preuves de sa générosité. On parle aussi d'un grand nombre de riches cadeaux qui ont été offerts par lui.

Les fêtes attendues à Pau avec tant d'impatience sont terminées; elles ont été splendides et magnifiques, dignes d'Henri IV qui en était le héros. Jamais, peut-être, notre Béarn n'avait été témoin d'une pompe aussi royale; jamais chez nous des souvenirs aussi chers au peuple n'avaient été célébrés avec plus de joie et d'enthousiasme. Aussi, la cérémonie à laquelle nous venons d'assister sera vraiment historique, et la génération présente en redira l'imposante grandeur à celle qui lui succédera.

Et certes, dans la mémoire de nos populations reconnaissantes, le jeune Prince qui vient de nous quitter occupera la première place. Affable et gracieux comme son aïeul Henri, dont il rappelait à tous la jeunesse, il a su, comme lui, trouver le chemin de tous les cœurs.

Soit que, d'un pied ferme et hardi, il accomplit l'ascension périlleuse du Pic du Midi, soit qu'à son entrée dans notre ville il répondit avec une assurance modeste et une remarquable facilité de parole aux discours nombreux qui lui étaient adressés, soit qu'il parût plein de noblesse et de galanterie au milieu de nos fêtes, ou qu'il déposât sur la tête d'un jeune lauréat les couronnes que, naguère, il recevait lui-même, partout il a excité les sympathies les plus ardentes.

Dans toutes ses réponses, on retrouvait avec la sagesse de l'homme prudent, et le tact d'un esprit délié, la grâce chevaleresque et les traits charmans du grand Roi auquel nos populations ont voué tant d'amour ; aussi, se plaisait-on à dire, que sans doute à son âge Henri devait lui ressembler. Pourquoi ne pouvait-il comprendre l'enthousiasme naïvement exprimé de nos paysans, accourus sur son passage pour lui offrir leurs hommages ? Et cependant quoique étranger à l'idiôme de nos campagnes, il était ému à la vue de ces démonstrations chaleureuses, de cette affection si touchante. Au milieu de ces populations dévouées et profondément monarchiques, il se sentait fier et heureux, et il disait avec orgueil en songeant à Henri IV : « Et moi aussi je suis Béarnais ! »

Maintenant, il est éloigné de nous, mais son souvenir restera vivant dans tous les cœurs, irrévocablement attaché à celui d'Henri IV. Il pourra redire à son Auguste Père nos vœux et la reconnaissance de nos populations. Pour lui, il n'oubliera pas sans doute cette circonstance solennelle de sa jeunesse ; car jamais il ne se retrouvera au milieu de populations plus affectueuses et plus empressées à confondre dans leurs ardentes sympathies un passé glorieux et un brillant avenir.

———

Ces fêtes qui viennent de jeter une si grande animation dans notre ville ont dû donner aux étrangers

accourus de toutes parts pour y assister, une haute
idée des mœurs à la fois vives et paisibles de notre population. En effet, au milieu d'une agglomération si considérable et qui avait presque quadruplé le chiffre de
là population de Pau, nous n'avons pas appris qu'il
y ait eu le moindre désordre. Une circonstance non
moins remarquable, c'est aussi qu'on n'ait eu à déplorer aucun accident ayant quelque gravité. On dit
proverbialement qu'il n'y a pas de fête sans catastro-
phe. Ce qui s'est passé pendant les trois jours de
réjouissances dont nous venons d'être les témoins, est
une heureuse exception, due en grande partie aux sages
et prudentes mesures de surveillance prises par l'autorité municipale, et exécutées avec un zèle qui ne
s'est pas ralenti un seul instant.

Un temps magnifique n'a pas cessé un seul instant de
favoriser nos trois journées de réjouissances populaires.

CANTATE

Pour l'Inauguration de la Statue d'Henri IV.

Jour d'orgueil et d'ivresse!
Un monarque chéri
Revient aux bords heureux qu'habitait sa jeunesse.
Le voilà! c'est Henri!
C'est le grand, c'est le bon Henri.

Henri, reconnais-tu ta cité souveraine?
Les pics qu'elle regarde et ton Château natal?
Et ce Gave azuré qui sillonnant la plaine,
Baigne, en passant, ton Parc royal?
Le temps peut imprimer sa trace irréparable
Sur le granit des monts comme au front des palais;
Mais ce qui reste inaltérable,
C'est le cœur de tes Béarnais.

Jour d'orgueil, etc., etc.

Durant ta longue absence, un immense naufrage
Engloutit les débris des trônes et des lois;
Et la sourde rumeur qui succède à l'orage
Loin de nous gronde quelquefois.
Mais, Henri, ton génie en planant sur nos villes,
Y confond les partis dans un même faisceau.
Le souffle des haines civiles
Expire au pied de ton berceau.

Jour d'orgueil, etc., etc.

Henri, sois fier de nous! si plus d'une victoire
A signalé les fils de tes Preux triomphans,
Le siècle où tu reviens réservait plus de gloire
    Aux petits fils de leurs enfans.
Sous le drapeau d'Arcole, en ses courses lointaines,
Ils furent conquérans et justes à la fois.
    La France en fit des capitaines
    Et le Nord en a fait des Rois.

    Jour d'orgueil, etc, etc.

Depuis long-temps, Henri, dans une douce extase,
Nos champs et nos cités attendaient ton retour.
Des créneaux de Moncade au donjon de Coarraze,
    Nos côteaux frémissaient d'amour.
Le vieux château d'Albret lavé de ses souillures
Et dont l'herbe, cent ans, déshonora le seuil,
    Sous la pompe de ses dorures
    Souriait pour te faire accueil.

    Jour d'orgueil, etc., etc.

Qui te rend à nos vœux? qui releva le faîte
Du manoir paternel où tu reviens en Roi?
C'est ton fils! comme toi battu de la tempête,
    Il sut pardonner comme toi.
Henri de notre siècle et digne de sa race,
Il préfère pour nous, sans craindre les combats,
    Au bruit de la gloire qui passe
    La liberté qui ne meurt-pas.

    Jour d'orgueil, etc., etc.

Des enfants du Béarn accourus pour t'attendre,
Reconnais-tu celui qui marche au premier rang?
Nos cœurs, en le voyant, ne peuvent s'y méprendre,
    C'est ton image, c'est ton sang!

5

C'est ta jeunesse, Henri, laborieuse et forte !
Et les nobles travaux dont Vincenne a fait foi
  Plus que le nom Royal qu'il porte
  Prouvent qu'il est issu de toi.

  Jour d'orgueil; etc.

  Salut, salut, Henri ! devant sa face auguste
Inclinons, Béarnais, nos fronts reconnâissans.
Aux pieds d'un Roi clément, aux autels d'un Roi juste,
  On ne peut brûler trop d'encens.
Un hommage si pur ne craint pas l'anathême,
Et nous pouvons sans peur l'exhaler à genoux.
  La bonté sous le diadême,
  C'est Dieu qui se révèle à nous.

  Jour d'orgueil et d'ivresse !
  Un Monarque chéri
Revient aux bords heureux qu'habitait sa jeunesse.
  Béarnais, c'est Henri !
  C'est le grand, c'est le bon Henri !

www.ingramcontent.com/pod-product-compliance
Lightning Source LLC
Chambersburg PA
CBHW070953280326
41934CB00009B/2063